PENSÉES
QUOTIDIENNES

Éditions Prosveta S.A. - B.P.12 - 83601 Fréjus Cedex (France)
ISBN 2-85566-889-1

Omraam Mikhaël Aïvanhov

PENSÉES QUOTIDIENNES

2005

PROSVETA

« Chaque matin, avant d'entreprendre quoi que ce soit, recueillez-vous un moment afin d'introduire en vous la paix et l'harmonie, et de vous lier au Créateur en Lui consacrant, par la prière et la méditation, cette journée qui commence.

L'essentiel, c'est le commencement. C'est là, au commencement, que les forces nouvelles se déclenchent et s'orientent. Pour agir correctement, il faut toujours commencer par chercher la lumière. Quand il fait nuit, vous ne vous précipitez pas dans l'obscurité pour aller prendre un objet ou commencer un travail, mais vous allumez d'abord une lampe pour y voir, et ensuite vous agissez. Eh bien, pour n'importe quel cas dans la vie, vous avez tout d'abord besoin d'allumer la lumière, c'est-à-dire de vous concentrer, de vous recueillir, afin de savoir comment agir. Si vous n'avez pas cette lumière, vous irez à gauche, à droite, vous frapperez à plusieurs portes, et vous ne ferez rien de bon.

Toute la journée est inscrite dans la direction que vous donnez dès le matin à vos pensées. Car suivant que vous êtes attentif et vigilant ou non, vous déblayez le chemin ou, au contraire, vous l'encombrez de toutes sortes de choses inutiles ou même nocives. Le disciple de la Science initiatique sait comment il doit commencer la journée s'il veut qu'elle soit fructueuse, remplie de la grâce de Dieu, afin de pouvoir répandre cette grâce autour de lui sur toutes les créatures. Il sait qu'il doit avoir, dès le matin, une pensée fondamentale autour de laquelle graviteront, durant la journée, toutes ses autres pensées.

Si vous avez pour chaque jour un but précis, une orientation précise, un idéal à atteindre, toutes vos activités vont peu à peu s'ordonner, s'organiser et contribuer à la réalisation de cet idéal. Et même lorsque des pensées et des sentiments étrangers, négatifs, tenteront d'entrer en vous, ils seront détournés et mis au service du monde divin, ils seront obligés eux aussi d'aller dans la direction que vous avez vous-même choisi de prendre. Et c'est ainsi que, grâce à la pensée fondamentale que vous aurez placée dès le matin dans votre tête, dans votre cœur, vous pourrez inscrire cette journée dans le grand Livre de la Vie.

Et puisque tout s'inscrit, une fois que vous aurez vécu une journée splendide, une journée de vie éternelle, non seulement elle sera enregistrée, non seulement elle ne mourra pas, mais elle tâchera d'entraîner toutes les autres journées à sa suite pour qu'elles lui ressemblent. Essayez au moins de bien vivre une seule journée car c'est elle qui influencera les autres : elle va les inviter pour leur parler et les convaincre d'être comme elle, équilibrées, ordonnées, harmonieuses. »

Omraam Mikhaël Aïvanhov

L'avenir est le plus souvent un sujet de soucis pour les humains : ils ne cessent de se demander s'ils ne vont pas manquer d'argent, s'ils auront de quoi manger ou se loger, etc. Et, tellement pris par ces préoccupations, ils négligent des questions beaucoup plus importantes, commettent des fautes qu'ils devraient réparer mais ne réparent pas ; et comme tout cela s'accumule, le moment finit par arriver où ils sont submergés, écrasés. Pour éviter de tomber dans cet engrenage, il est nécessaire de méditer les paroles de Jésus : *« Ne vous inquiétez pas du lendemain ; car le lendemain aura soin de lui-même. »* Si vous veillez chaque jour à ce que tout votre comportement soit impeccable, le lendemain sera complètement dégagé, et vous serez disponible pour entreprendre ce que vous avez décidé, tout en restant encore vigilant pour ne rien laisser traîner. Ainsi, chaque jour nouveau vous trouvera libre, bien disposé, prêt à travailler, à étudier, à vous réjouir, et toute la vie prendra une couleur extraordinaire de bonheur et de bénédiction. C'est en veillant à tout régler aujourd'hui que vous pensez indirectement à demain.

Dès que vous vous éveillez, le matin, accueillez avec gratitude cette journée qui commence et prenez la résolution de la vivre avec amour. Et que signifie vivre avec amour ? Eh bien, tout simplement respirer, manger, marcher, regarder, écouter avec amour. Vous pensez que vous savez tout cela… Non, vous ne le savez pas. Quand vous commencerez à comprendre vraiment, avec tout votre être, ce que c'est de vivre avec amour, votre existence entière sera transformée. L'amour jaillira en vous sans arrêt, du matin au soir, et même quand vous dormirez.

Vivre avec amour, c'est vivre dans un état de conscience qui harmonise tous les actes de la vie, qui maintient l'être dans un parfait équilibre… un état de conscience qui est une source de joie, de force, de santé, non seulement pour soi-même mais pour tous ceux que l'on rencontre.

3 *Janvier*

Alors même qu'ils sont parvenus à l'âge adulte, la plupart des humains sont encore comme des enfants : pour retenir leur attention il leur faut toujours des nouveautés. Et ce travers s'observe aussi chez les spiritualistes. Même si l'Enseignement qu'ils reçoivent leur apporte une telle profusion de vérités qu'ils n'ont pas le temps de les assimiler, ils attendent toujours quelque chose de nouveau. Mais que font-ils avec ce qu'ils ont déjà ?...

Et vous aussi, n'avez-vous pas le même défaut ? Vous vous contentez de prendre des notes que vous classez ensuite quelque part. Décidez-vous enfin à mettre ces vérités en pratique, sinon vous passerez votre vie à attendre des nouveautés, et jamais vous n'avancerez. Dans la vie spirituelle, il faut travailler sans cesse sur les mêmes vérités. La nouveauté est là : dans ce que l'on découvre chaque jour en approfondissant les mêmes vérités.

4 Janvier

Partout et toujours vous devez mettre la lumière à la première place. Lorsque vous vous réveillez pendant la nuit et que vous voulez vous lever, votre premier geste n'est-il pas d'allumer la lumière ? Vous savez que si vous vous aventurez dans l'obscurité, vous allez vous heurter aux meubles, casser des objets, vous blesser, etc. Mais alors pourquoi, dans la conduite de votre vie intérieure, vous n'avez pas compris l'importance de la lumière ? Vous avancez dans l'obscurité, et ensuite vous vous étonnez de ne pas arriver à vous orienter, et de vous heurter à droite et à gauche.

Vous devez chercher la lumière, vous concentrer sur elle, la placer au-dessus de tous les trésors de la terre, et même vous efforcer de la boire, de la manger. Dès que vous avez un instant, fermez les yeux et formez en vous cette image de la lumière qui imprègne tout l'univers et apporte toutes les bénédictions.

Combien de différences on observe dans la conduite et les manifestations des humains ! Certains sont poussés à aller toujours plus loin pour réaliser de grandes choses, alors que d'autres sont uniquement occupés à des futilités et à des mesquineries. Alors on se pose la question : « Mais pourquoi cette différence ? D'où vient-elle ? » c'est simple. Les premiers regardent vers le haut, ils se comparent à tous ceux qui les ont dépassés et ils les prennent pour modèles ; tandis que les autres se contentent de points de comparaison tellement inférieurs qu'ils se trouvent toujours assez convenables, et ils ne progressent pas. Pour évoluer, il faut prendre un modèle, un échantillon et se comparer sans cesse à lui. Cet échantillon, c'est la vie et l'Enseignement de tous les êtres les plus purs, les plus sages, les plus nobles qui ont vécu et vivent encore sur la terre.

« Rester jeune » est maintenant devenu un idéal, et pourtant toute la culture contemporaine apprend aux humains à vieillir le plus rapidement possible. Oh ! pas physiquement, bien sûr : des quantités de produits et dc méthodes sont inventés chaque jour pour entretenir la forme physique, garder la ligne, effacer les rides, etc. Mais intérieurement, psychiquement, les hommes et les femmes vieillissent de plus en plus tôt, car c'est de plus en plus tôt qu'ils abandonnent la simplicité, la spontanéité, la confiance, pour se montrer méfiants, calculateurs, blasés, ternes.

Vous voulez rester jeune ? Il n'existe qu'une méthode : gardez votre cœur d'enfant toujours vivant, aimant, s'intéressant à tout, pardonnant vite, se réjouissant des moindres choses, oubliant rapidement les vexations, les tristesses et les chutes, un cœur constamment disposé à aimer, à embrasser le monde entier, un cœur qui ne se rétrécit pas, qui ne se refroidit pas. Tant que vous conservez la chaleur de votre cœur, vous ne pouvez pas vieillir.

Pourquoi les humains s'arrêtent-ils toujours sur ce qu'ils n'ont pas, et si rarement sur ce qu'ils possèdent ? Ils se promènent partout avec leurs petits malheurs : « J'ai mal ici, il me manque ça… » Pourquoi ne se disent-ils pas chaque jour : « J'ai des jambes, des bras, une bouche, des yeux, des oreilles. Le Seigneur a mis à ma disposition toutes les richesses et les splendeurs du ciel et de la terre… »

Chaque jour vous devez penser que vous êtes un fils de Dieu, une fille de Dieu, et que vous pouvez vous retrouver tel que vous étiez dans le passé lointain, quand vous êtes sorti du sein de l'Éternel. Vous avez perdu cet état en voulant, comme le fils prodigue de la parabole, faire des expériences loin de la maison paternelle ; mais maintenant vous pouvez y revenir. C'est cela le retour vers le Père, « la réintégration des êtres » : quand l'être humain redevient maître de lui-même et des forces de la nature, quand il retrouve enfin sa dignité d'héritier de son Père céleste. Alors, pourquoi doit-il toujours s'arrêter sur les petites choses qui lui manquent ?…

D'où vient la puissance de la parole ? Non pas du mot prononcé lui-même, mais de l'énergie, de la quintessence dont il est imprégné, et cette quintessence se trouve dans l'aura des êtres. La puissance d'un mage, d'un théurge, vient de ce qu'il sait imprégner de lumière les paroles qu'il prononce, et cette lumière, c'est son aura qui est abondante, intense, pure. La parole est le réceptacle d'une force, et elle produit des effets d'autant plus puissants qu'elle est davantage imprégnée de cet élément créateur, la lumière. Il n'est pas donné à n'importe qui de prononcer les mots magiques qui produiront de grands effets. Seul un véritable mage, en prononçant quelques mots, sans forcer la voix, sans faire de gestes, par la seule force intérieure de son aura, peut commander aux forces de la nature et attirer les êtres supérieurs. Ce n'est pas la parole qui a créé le monde, c'est le Verbe. La parole est le moyen dont le Verbe se sert pour réaliser le travail de création. Le Verbe est le premier élément que Dieu a mis en action ; la parole est le moyen qui permet au Verbe de se manifester.

Prier n'est pas une réaction de personnes naïves et crédules qui, au moment où elles se trouvent dans les difficultés ou le chagrin, se tournent vers le Seigneur en s'imaginant qu'Il n'a rien d'autre à faire que de venir à leur secours. La vraie prière est fondée sur une science concernant la structure de l'univers et les différents états de la matière. Au-delà de la terre, de l'eau, de l'air et du feu, il existe dans l'espace des régions de plus en plus subtiles, peuplées d'entités spirituelles. Et de la même façon que nous pouvons puiser dans la terre, l'eau, l'air et la lumière tout ce dont nous avons besoin pour notre vie physique, dans ces régions aussi nous pouvons puiser tout ce dont nous avons besoin pour notre vie psychique.

L'univers est une hiérarchie ; au sommet de cette hiérarchie règne un Être qui est tout amour et qui a tout distribué afin qu'aucune créature dans l'espace ne manque de rien. C'est à nous maintenant de chercher par la pensée à atteindre ces régions spirituelles, afin d'y capter tous les éléments dont notre cœur et notre âme ont besoin et, dans les moments d'incertitude et d'angoisse, y trouver un refuge.

Celui qui a trop confiance en lui-même, provoque les autres : il se fait des ennemis, et il doit passer son temps dans des affrontements et des règlements de compte. Qu'il se remette un peu en cause et se dise : « Je ne suis ni tellement sage, ni tellement bon, ni tellement fort, alors je vais mettre ma confiance en Celui qui est omniscient, tout amour et tout-puissant. » Ainsi, grâce à ce doute vis-à-vis de lui-même et à sa foi en Dieu, il permettra au Seigneur d'entrer en lui, de se manifester à travers lui, et partout où il ira, il sera un facteur de paix et d'harmonie.

C'est parce que vous serez humble devant Lui que le Seigneur se manifestera à travers vous et que vous obtiendrez la vraie puissance, la puissance spirituelle. Votre salut est dans la conscience que vous êtes par vous-même peu de chose et que votre grandeur ne vient que de Dieu. Vous pouvez « croire en vous », mais à condition qu'à travers « vous », ce soit en Dieu que vous croyiez, car Il est le seul qui mérite qu'on croie en Lui.

11 Janvier

Dieu nous a créés à son image, et notre tâche, pendant notre existence terrestre, est de rechercher en nous cette image afin de pouvoir la manifester. Certains y sont arrivés. Et si certains y sont arrivés, dire que d'autres n'y arriveront pas est une affirmation inacceptable. De même qu'il n'existe pas par nature des races supérieures, il n'existe pas d'êtres humains supérieurs : il existe seulement des différences dans les degrés d'évolution, parce qu'au cours de leurs incarnations successives les humains n'ont pas fait les mêmes efforts, ils n'ont pas réalisé le même travail. Mais la vérité, c'est que tout ce qui se passe dans le monde, toutes les aventures heureuses ou malheureuses que vivent les humains ne représentent que des moments de cette tentative : exprimer en plénitude l'image de Dieu. Si on ne le leur répète pas, comment se décideront-ils à travailler dans ce sens ? Toute l'éducation devrait mettre l'accent sur ce point afin qu'ils puissent retrouver en eux-mêmes tout ce savoir enfoui.

L'amour n'est pas uniquement ce sentiment que les humains éprouvent les uns pour les autres. L'amour est une énergie qui vient de très haut, une énergie qui est de la même quintessence que le soleil. Les hommes et les femmes ont la tâche de recevoir cette énergie et de la faire circuler en eux de telle sorte qu'elle retourne ensuite vers les hauteurs d'où elle est venue. Si cette circulation ne se fait pas correctement, c'est que beaucoup d'impuretés se sont entassées en eux à cause de leurs instincts et de leurs passions mal maîtrisés. Alors, au lieu de remonter, cette énergie descend, s'enfonce dans la terre où elle se perd.

Quand l'être humain aura travaillé à se purifier, quand il sera maître de lui-même et véritablement lié à Dieu, cette énergie qui descend chaque jour sans arrêt, reprendra à travers lui son chemin vers le haut. Car dans l'univers tel qu'il a été pensé, édifié par le Créateur, le point de départ est le Ciel et le point d'arrivée est aussi le Ciel.

Jésus disait : « *Il est plus facile à un chameau de passer par le trou d'une aiguille qu'à un riche d'entrer dans le Royaume de Dieu.* » Et cette comparaison en apparence tellement exagérée correspond à une réalité psychique. Ce qui est énorme chez le riche et qui le retient devant la porte du Royaume de Dieu, ce n'est pas son corps physique, mais son corps astral, son corps des désirs. Le propre du corps astral est d'être insatiable, et c'est pour le satisfaire que le riche cherche à accumuler toujours plus de possessions. Quant au chameau, son mode de vie a fait de lui le symbole de la sobriété, cette qualité qui consiste à modérer ses appétits.

Pour l'être humain, les appétits peuvent être de toutes sortes : l'ambition, le pouvoir, la sensualité… Et Jésus prend le riche comme symbole de ceux qui cherchent à satisfaire tous les désirs inspirés par leur corps astral, car c'est lui qui obstrue pour eux la porte du Royaume de Dieu. Dans le Royaume de Dieu, on n'accepte que les êtres qui ont appris le dépouillement, le désintéressement, le sacrifice.

Il existe un Être dont nous dépendons entièrement, c'est pourquoi nous devons maintenir sans arrêt le lien avec Lui et oser nous dresser contre toutes les volontés intérieures et extérieures qui tentent d'y faire obstacle. Celui qui n'a pas conscience du lien qui l'unit à la Cause première ne peut que tout profaner et avilir, d'abord en lui-même et ensuite autour de lui, car il se coupe de la Source de la vie. La vie vient d'en haut, elle est la quintessence de Dieu Lui-même. C'est pourquoi dans chacune de nos occupations nous avons pour tâche de la recevoir, de lui ouvrir un passage en nous et d'apprendre à la conserver dans toute sa lumière, sa richesse et sa puissance, afin de pouvoir aussi la répandre autour de nous. On rencontre parfois des créatures qui ont ce don de recevoir et de répandre, de rayonner la vie partout où ils passent, et c'est une bénédiction de rencontrer des êtres pareils.

Dans leur existence quotidienne, les gens ne s'inquiètent pas tellement du sort de leur prochain. Oui, bien sûr, quelques minutes, quand ils voient aux informations télévisées des images de dévastations, de famines, de massacres, là, ils sont émus, et parfois même des larmes leur viennent aux yeux. Mais ils oublient vite. Le moment d'après ils retournent à leurs sujets de mécontentement habituels : un patron qui les exploite, un concurrent qui a pris leur place, le voisin qui empiète sur leur terrain, le mari, la femme, les enfants, la belle-mère… Et toutes les misères du monde sont loin !

Je ne dis pas qu'il faut négliger ses problèmes personnels ; simplement je souligne que chacun se préoccupe davantage des petites difficultés qu'il rencontre dans sa vie de tous les jours, que des catastrophes qui arrivent aux autres. Là, le plus souvent, on se contente de dire que le monde est mal fait.

Il est de tradition d'élever des monuments ou des statues aux hommes et aux femmes qui ont apporté de très bonnes choses à une société, à une culture, ou même à toute l'humanité. Et on a raison, bien sûr, je ne dis pas qu'il ne faut pas les glorifier. Pourtant, je trouve que ceux à qui nous devrions dresser les plus beaux monuments, les plus belles statues, ce sont nos ennemis… Mais oui ! Ce sont eux nos véritables bienfaiteurs : grâce à eux, nous sommes obligés de devenir plus vigilants, plus intelligents, plus patients. Vous trouvez que ce n'est pas sérieux ? Eh bien, trouvez ce que vous voulez, mais tout de même tâchez de réfléchir un peu à cette idée : souvent nos amis nous endorment, tandis que nos ennemis nous bousculent, nous stimulent. Vous direz : « Mais ils nous font une vie impossible ! » En réalité, si vous avez un haut idéal et le désir sincère d'avancer, vous recevrez le savoir et la force d'utiliser tous les obstacles que vos ennemis mettent sur votre route. Ces obstacles seront comme des échelons qui vous permettront de monter de plus en plus haut.

Le coupable qui veut apaiser sa conscience n'y arrive pas, car cela ne dépend pas de la conscience – elle ne fait que refléter la réalité de son comportement – mais du sentiment intime du mal qu'il a commis et qui est là, en lui, comme une dette qui reste inscrite. Tant que cet homme n'aura pas réparé ses fautes, sa conscience ne trouvera pas la paix.

Infliger une punition à celui qui a mal agi, c'est normal, mais c'est insuffisant. Il ne faut pas se contenter de punir les malfaiteurs, il faut aussi leur donner les moyens de réparer leurs fautes. Sinon ils en veulent d'autant plus à celui qui a pris des sanctions contre eux, car ils vivent continuellement avec l'obsession du mal qu'ils ont fait. Pour les remettre sur la bonne voie, il faut les aider à libérer leur conscience en leur donnant des conditions pour payer leur dette.

Malgré leur diversité, les exercices spirituels ont pour seul et unique but la fusion de la créature humaine avec la Divinité. Les Initiés de l'Inde ont résumé cet état de conscience sublime par la formule : « moi, c'est Lui » ; c'est-à-dire seul Lui existe, moi je ne suis qu'un reflet, une répétition, une ombre, je n'existe que pour autant que je suis capable de me fondre en Lui.

En réalité, nous n'existons pas en tant que créatures séparées du Seigneur, nous faisons partie de Lui. C'est pourquoi la Science initiatique enseigne à l'homme les méthodes à employer pour se détacher des représentations illusoires qu'il a de lui-même. En disant : « moi, c'est Lui », nous comprenons que nous n'existons pas en dehors du Seigneur et nous nous lions à Lui, nous nous approchons de Lui, jusqu'au jour où nous deviendrons comme Lui.

Prenez l'habitude de peser les choses sur votre balance spirituelle.

Vous avez eu à subir une vexation, une injustice. Examinez le pour et le contre, et vous constaterez que ce que vous gagnez en gardant malgré tout confiance est mille fois supérieur à ce qu'un idiot ou un méchant vous a fait perdre. Chaque seconde de votre existence, la confiance qui travaille en vous vous donne la vie. Elle est comme un fleuve d'eau cristalline qui coule sans interruption. Pourquoi vous priver de ses bienfaits sous prétexte que vous pouvez être lésé ou trompé de temps à autre ? La sagesse a une manière bien à elle de calculer les choses. Elle n'arrête pas le flux de ce qui est indispensable, vital, éternel, à cause de quelques désagréments. On n'est trahi que de temps en temps ; alors, est-ce que ça vaut la peine de se priver définitivement de tout ce que peut nous apporter la confiance ?

Vous vous demandez quelle orientation prendre, quelle discipline de vie accepter ?… Eh bien, c'est très simple. Si vous n'avez pas d'autre ambition que de mener une existence ordinaire, prosaïque, vous pouvez vous laisser aller, il est inutile de faire tellement d'efforts pour vous dominer ou maîtriser vos instincts. Cette maîtrise sera même préjudiciable à votre santé physique et psychique : vous deviendrez insupportable pour votre famille et tout votre entourage ; vous vous sentirez frustré, et vous allez vous aigrir, devenir dur, intolérant. Pour que les exigences d'une discipline aient leur raison d'être, il faut que vous ayez un très haut idéal, que vous désiriez faire de votre vie quelque chose de grand, de beau, de noble, que vous éprouviez le besoin de lui ajouter chaque jour un nouvel élément de spiritualité, de lumière.

À condition de ne léser personne, chacun est théoriquement libre de faire ce qui lui plaît… et même des folies, pourquoi pas ? Seulement voilà, en commettant des excès, en donnant satisfaction à tous ses désirs, on signe un pacte avec les entités inférieures, et ensuite on est à leur merci, on ne peut plus leur échapper. On s'est amusé, on a mangé, on a bu – symboliquement parlant – et maintenant il faut payer. Le fameux pacte de Faust avec Méphistophélès n'a pas d'autre sens. Bien sûr, les amusements, les plaisirs, c'est agréable, on fait de nouvelles expériences, on vit, quoi ! Oui, mais ça coûte très cher. Les humains ne sont jamais à court d'idées quand il s'agit de s'amuser et de goûter des plaisirs, mais ils sont aveugles quand il s'agit d'en prévoir les conséquences. Ils s'arrêtent sur le plaisir, c'est tout, et le plaisir est rarement un bon conseiller. On ne peut jamais rien avoir sans payer. Pour quelques plaisirs, combien ont ruiné leur santé et détruit leur équilibre psychique !

Même s'ils sont athées, nos contemporains doivent admettre que la notion de fraternité leur a été apportée par le christianisme. Bien sûr, avant Jésus, des sages, des Initiés avaient pu enseigner le respect et l'amour du prochain. Parmi les commandements donnés par Moïse, certains annoncent déjà l'Enseignement de Jésus : *« Tu ne te vengeras point… Tu ne garderas point de rancune… Tu aimeras ton prochain comme toi-même.* » Mais ils occupent si peu de place par rapport à la multitude des autres prescriptions et des châtiments dont sont menacés ceux qui commettent la moindre faute ! À la même époque, Bouddha enseignait la bienveillance à l'égard de toutes les créatures et la compassion pour les immenses souffrances qu'elles ont à subir tout au long de leur vie terrestre. Mais le sentiment de bienveillance ou de compassion n'est pas la même chose que le sentiment de fraternité, la conscience d'appartenir à une seule et même famille. C'est donc la philosophie de Jésus transmise par le christianisme qui a permis au sentiment de fraternité de se développer dans le monde occidental.

Pourquoi apprendre à vivre dans une collectivité spirituelle ? c'est tellement difficile !... Mais celui qui accepte sincèrement cette discipline produit des changements très bénéfiques dans sa conscience. Il comprend qu'il ne peut pas agir égoïstement, anarchiquement, car cela entraînerait fatalement des désordres et des heurts ; il s'efforce au contraire de s'accorder avec les autres, et il fait des progrès à cause de cette synchronisation avec la collectivité. Et comme cette collectivité elle-même tend à être en harmonie avec l'autre collectivité, la collectivité cosmique, elle installe de bonnes choses dans celui qui travaille à vivre en conformité avec ses règles. Ainsi, en s'efforçant de vivre une vie plus harmonieuse, plus large, plus universelle, l'être humain s'enrichit énormément, car il entre en contact avec l'Intelligence cosmique et reçoit ses bénédictions.

Chaque jour la vie nous présente un certain nombre de problèmes à résoudre. Celui qui, au lieu de s'efforcer de les résoudre honnêtement, cherche à les esquiver, se trouvera bientôt devant des difficultés insurmontables. Pourquoi ? c'est très simple. Vous êtes allé à l'école, n'est-ce pas, et là vous avez étudié la grammaire, les mathématiques, etc. Pour chaque discipline vous avez eu des exercices à faire. Prenons les mathématiques, par exemple : imaginez qu'un élève commence par négliger les exercices correspondant à la première leçon, il lui manque les éléments pour aborder les leçons suivantes. Alors, que va-t-il faire ? La situation deviendra de plus en plus difficile, et le moment arrivera où il ne pourra plus s'en sortir. Il en est de même avec les problèmes que la vie nous présente. Chaque problème bien résolu nous donne les éléments pour affronter les problèmes suivants dans les meilleures conditions, car les efforts que nous avons faits portent leurs fruits : avec chaque exercice nous devenons plus perspicaces, plus patients, plus résistants.

Tout est en Dieu, Dieu est dans tout, mais c'est avec l'homme que commence cette conscience. Vous demandez : « Mais alors pourquoi, justement, cette conscience n'est-elle pas plus éveillée ? » En voulant s'introduire dans l'être humain pour se manifester, c'est comme si Dieu s'amusait à faire passer sa conscience au travers de verres opaques. Mais l'opacité de cette matière est telle que c'est Lui qui n'arrive plus à se voir. Il s'est comme effacé, perdu en nous. Pour que la conscience divine s'éveille dans notre âme, il faut que notre matière devienne transparente. À ce moment-là, Dieu pourra dire : « Enfin, je me reconnais, c'est Moi, je suis là », et à cet instant, nous aussi, nous Le sentirons.

C'est parce que notre conscience est encore obscurcie que Dieu ne s'y reconnaît pas. Mais comme Il ne cesse de travailler sur nous et en nous, si nous nous associons également à ce travail, un jour Dieu finira par se reconnaître en nous.

La découverte d'un enseignement spirituel a été pour vous source de grandes joies. Enfin, vous avez trouvé ! Oui, mais la réalité n'est pas si simple. En acceptant un enseignement spirituel, le plus élevé soit-il, au bout d'un mois, six mois, un an, cela dépend, il peut arriver qu'un trouble s'insinue en vous, et qu'au lieu d'intensifier le côté positif, vos efforts provoquent aussi le côté négatif. Pourquoi ? Parce que chaque idée nouvelle, chaque état de conscience nouveau produit des fermentations dans les êtres qui ne se sont pas préparés à les recevoir. Jésus disait : *« On ne met pas le vin nouveau dans de vieilles outres ; autrement, les outres se rompent, le vin se répand, et les outres sont perdues ; mais on met le vin nouveau dans des outres neuves. »* Les outres neuves représentent les formes solides, résistantes que l'être humain doit préparer en lui-même, afin de contenir, de supporter une nouvelle vision des choses. Il doit donc commencer par s'harmoniser avec cette philosophie, c'est-à-dire préparer son organisme physique et son organisme psychique, afin de pouvoir résister à la tension que produiront les nouveaux courants auxquels il sera exposé.

Tournez votre visage vers le Ciel, et vous recevrez la lumière, la force ; mais tournez-lui le dos, et vous perdrez tout. La loi est implacable. Et s'il est dit dans les Livres sacrés que Dieu est juste, c'est parce que leurs auteurs connaissaient cette loi.

L'attitude est une puissance magique. Il ne nous arrive que ce que nous attirons par notre attitude ; c'est elle qui a le pouvoir de déclencher des courants bénéfiques ou nocifs dans l'univers. Alors, plusieurs fois par jour, nous devons penser à nous tourner vers le monde divin, à nous harmoniser avec lui, jusqu'au moment où cet ajustement sera tellement bien réalisé que, d'un seul coup, nos centres spirituels se mettront en marche, et des ondes, des sons, des couleurs jailliront de nous. Nos pensées, nos sentiments et nos actes deviendront le reflet de ce qui existe déjà en haut dans les cieux, aussi précieux, aussi beaux. Et les entités lumineuses qui peuplent les cieux se reconnaîtront dans cet être qui a compris quel est le sens de sa vie sur la terre.

Pour combien d'hommes et de femmes la vie n'a d'intérêt que si elle est vécue dans les excès ! Ils préfèrent se tuer à condition de vivre des sensations intenses… Est-ce qu'ils se demandent si c'est pour cela que Dieu leur a donné la vie, et s'il n'y a pas d'autres façons de vivre intensément ?… Non, la plupart des humains ont une conception de la vie qui les conduit à la mort, la mort physique ou la mort spirituelle, et même souvent les deux. Bien sûr, nous mourrons tous un jour, mais cela ne doit pas nous empêcher de concentrer tous nos efforts sur la vie. Car c'est la vie que nous avons en commun avec Dieu et avec tout ce qui existe dans l'univers. C'est donc en devenant nous-mêmes vivants que nous entrons en communication avec Dieu, avec toutes les créatures et avec l'univers entier.

29 *Janvier*

La foi sans l'amour engendre le fanatisme, et c'est la pire des choses qui puisse arriver aux humains, car ils deviennent des monstres. Ils n'ont que le nom de Dieu à la bouche et ils sont prêts à anéantir le monde entier pour ce nom… Mais quand ils sont victimes de catastrophes : épidémies, inondations, tremblements de terre, famines, etc., qui vient les secourir ? Le plus souvent, des incroyants ! Parce que les croyants, eux, sont occupés à marmonner des prières au Seigneur pour qu'Il vienne en aide aux victimes. Ou, encore pire, certains interprètent ces malheurs comme un châtiment céleste et se réjouissent que Dieu ait fait tomber sa colère sur des mécréants. Oui, on se demande quel est ce ferment d'insensibilité qui est contenu dans la foi. C'est pourquoi ce sont les croyants qui découragent souvent les autres de croire.

L'homme, microcosme reflet du macrocosme, est le dépositaire de toute la mémoire cosmique. Il possède les archives de l'univers, ces archives qui sont représentées symboliquement dans l'Arbre séphirotique par la séphira *Daath*, le Savoir*. *Daath*, c'est la matière originelle, la matière primordiale sur laquelle, au commencement du monde, Dieu a fait passer son souffle pour la fertiliser. C'est parce qu'elle est la substance de la Création que la matière est capable de contenir la mémoire. Et l'esprit éveille cette mémoire en effleurant la matière, comme le souffle du vent fait vibrer les cordes d'une harpe éolienne. Seul le silence en nous prépare les conditions pour que s'éveille cette mémoire originelle.

* Voir note et schéma, p. 374-376.

Malgré sa brièveté, le « *Notre Père* » est un monument insurpassable. Sur cette prière vous pouvez travailler toute votre existence, et même au-delà, dans vos existences futures, vous n'en n'épuiserez jamais le contenu. Car elle est comme une graine que chacun peut enfouir profondément dans sa terre intérieure. Et c'est ce que j'ai fait, moi. J'ai pris cette graine, je l'ai semée dans la terre de mon être, je l'ai soignée, je l'ai arrosée, réchauffée, éclairée, et maintenant elle est devenue un arbre dont les racines s'enfoncent profondément dans mon âme et dont la cime s'élève jusqu'au ciel. C'est pourquoi, je vous le dis, on peut approfondir à l'infini cette prière : elle embrasse tous les domaines de la vie, elle touche tous nos processus psychiques et spirituels, elle donne un sens à notre existence. Mais comme pour la graine, il faut d'abord la mettre en terre, la faire vivre en soi. Alors, on en découvre au fur et à mesure toute la richesse.

Pour vivre nous avons besoin de nous appuyer sur un certain nombre de croyances : elles sont comme des supports pour notre vie affective, intellectuelle. Sans ces supports, l'existence n'est plus possible ; c'est exactement comme avancer au milieu de sables mouvants. Intérieurement, comme extérieurement, on a besoin de sentir qu'on a quelque chose de solide sous les pieds. C'est pourquoi, même si on se fait quelques illusions, il est toujours utile de croire de bonnes choses, cela aide au moins à se maintenir dans des dispositions constructives. Mais en même temps, avec les années, il faut s'efforcer de devenir de plus en plus lucide, conscient, en remplaçant ses croyances floues par des connaissances véritables ; et à quarante ans il vaut mieux ne plus être aussi naïf qu'à vingt ans !

Quelle est la fonction des bougies et des cierges dans les églises ? Si elles servaient seulement à les éclairer, l'électricité suffit et elle est même plus efficace. En réalité ce rite a un sens profond si le croyant a compris qu'à l'image de cette cire qui se consume pour entretenir la flamme, lui aussi il doit brûler une matière en lui-même afin d'entretenir la lumière intérieure et faire que la Divinité entende sa prière et l'exauce.

Et comment pouvons-nous entretenir le feu en nous ? En immolant tous nos animaux intérieurs. Et ce n'est pas ce qui manque ! Car, dans le plan astral, nous logeons en nous non seulement des brebis, des bœufs, des taureaux, des boucs, etc., mais aussi des loups, des renards, des tigres, des serpents, des scorpions, des araignées… Oui, toute une ménagerie, un parc zoologique, une forêt vierge ! Combien d'animaux malfaisants sont en l'homme sous forme de défauts, de vices, de tendances instinctives destructrices ! C'est eux que nous devons sacrifier afin d'alimenter notre lumière intérieure.

C'est la nature inférieure en lui, une nature combative, tenace, qui a permis à l'homme de résister aux agressions, aux obstacles rencontrés sur son chemin depuis des millénaires. C'est pourquoi maintenant il est si difficile de la dominer. Même si, les conditions de l'évolution ayant changé, l'homme n'a plus besoin d'avoir recours aux armes de sa nature inférieure pour se protéger, elle est toujours là, active, prête à se manifester à la première occasion. Et si vous essayez de lutter seul contre elle, c'est toujours vous qui serez vaincu. Pour la dominer, il faut faire appel à des puissances au-dessus de vous, et vous accrocher à elles. N'ayez pas tellement confiance en vos capacités : la nature inférieure a dû développer tellement d'énergies pour survivre que maintenant elle ne s'incline que devant le monde divin. Si vous vous présentez devant elle sans les armes du Ciel, sans la lumière, elle ne vous reconnaît pas, elle dit : « Tu n'es pas mon dompteur ! » et elle se jette sur vous pour vous dévorer. Le dompteur, le vrai, c'est Dieu Lui-même : c'est Lui qui a tout créé, c'est donc Lui qui sait comment tenir ce monstre en respect.

L'être humain possède une âme qui ne peut s'épanouir que dans l'immensité, l'infini. Tout ce qui est déjà visible, déterminé, mesuré, classé, même si nous trouvons que c'est utile, intéressant, indispensable, nous finirons par sentir que cela ne satisfait qu'une partie de nous-même, c'est insuffisant pour remplir toute notre existence. Pourquoi les enfants aiment-ils tellement les contes ? Et pourquoi les adultes aussi dans leur majorité se réfugient-ils, dès qu'ils le peuvent, dans des mondes étranges, le fantastique, l'irrationnel ? Parce que c'est un besoin inné de l'être humain : il a été créé pour vivre dans les deux mondes, objectif et subjectif, visible et invisible, matériel et spirituel ; il possède donc les capacités pour entrer en relation avec ces deux mondes et il a besoin des deux. Seulement, il ne faut pas confondre : la réalité que l'on perçoit grâce aux cinq sens n'est pas celle que l'on perçoit grâce aux sens du monde spirituel ; ce sont deux mondes différents dont la connaissance nécessite des instruments différents.

Jésus disait : « *Tout ce que vous voulez que les hommes fassent pour vous, faites-le de même pour eux.* » Donc, n'attendez jamais que ce soient toujours les autres qui fassent le premier pas. Si vous voulez être aimé, aimez ! Si vous voulez qu'on vous donne, donnez ! Et si vous voulez être éclairé, commencez par éclairer celui qui l'est moins que vous, car à ce moment-là, quelqu'un d'autre, qui a plus de lumière que vous, viendra vous donner la sienne. Oui, c'est une loi. En aidant les autres, vous attirez à vous un être visible ou invisible qui vous aidera. Faites des efforts pour soutenir quelqu'un, pour l'encourager, et vous constaterez que la volonté et la puissance divines viendront vous renforcer.

Regardez un perce-neige: quelle volonté, quelle force, quel courage il possède pour pouvoir commander à la neige et à la terre: « Allez, écartez-vous, je veux sortir ! » Et pourtant il est fragile, il a des pétales si tendres, si délicats, un rien peut le blesser... Mais la terre et la neige lui obéissent, elles lui cèdent le passage et il sort, il fleurit. Quelle est la force qui oblige la terre à s'entrouvrir ? Le perce-neige possède une puissance irrésistible dans sa petite tige qui commence à poindre, là, et c'est lui qui triomphe. C'est toujours l'amour qui triomphe !

Alors, et vous, n'avez-vous pas plus de possibilités qu'un perce-neige ? Si ; seulement vous ne savez pas comment vous y prendre pour dire aux événements, aux difficultés, aux limitations : « Allez, laissez-moi le passage, je veux sortir, je veux admirer et louer le Créateur, je veux communier avec Lui, écartez-vous ! » Si vous vous obstinez comme le perce-neige, à la fin vous allez sortir, vous dégager, vous remporterez la victoire.

C’est Dieu qui nous a donné la vie, c’est Lui qui fait que nous pouvons nous exprimer par des pensées, des sentiments, des paroles, des actes. Et chaque fois que nous ressentons une impulsion vers la lumière, chaque fois que nous sommes inspirés par le désintéressement, la bonté, l’amour, chaque fois que nous éprouvons le besoin de nous dépasser, de faire des sacrifices, c’est Dieu qui manifeste sa présence en nous. Voilà pourquoi il est donc tellement essentiel pour chacun de nous de multiplier ces expériences.

La conscience est une réalité, et une réalité impitoyable. Prenons le cas d'un malfaiteur. Quoi qu'il fasse, il ne peut se débarrasser de certaines inquiétudes : la police, la prison, la vengeance de ses victimes, le remords… Pourquoi ? Parce qu'il a déclenché certains processus qui se reflètent maintenant sur sa conscience : il ne peut plus avoir la paix. Ce n'est pas la conscience qui fabrique ces images, elle ne fait que servir d'écran, elle n'est en rien responsable de tout ce qui s'y projette. C'est pourquoi on voit parfois des personnes qui viennent se livrer spontanément à la police et acceptent d'être punies pour leur faute : quelque chose en elles leur dit qu'elles méritent une sanction, mais aussi qu'elles doivent réparer. Car c'est en réparant qu'elles libèrent leur conscience : ainsi sur leur écran passera désormais un nouveau « film ».

Partout on ne voit que des gens désireux d'éduquer les autres, de les sermonner pour les mettre sur la bonne voie… Même les enfants veulent éduquer leur poupée ou leur chien !… En réalité personne ne peut éduquer personne. Les discours, les explications, les commandements ne servent à rien. Vous direz : « Mais alors, que fait un Maître spirituel ? » Un Maître spirituel ne cherche pas à changer les humains, car il respecte leur prédestination, mais par son savoir, ses vertus, son comportement, il anime, vivifie, arrose les bonnes graines, c'est-à-dire les dons et les vertus qui sont là enfouis en eux. Alors, toutes ces graines commencent à croître, à se développer, à fleurir… Il faut donc commencer par posséder soi-même les qualités que l'on veut développer chez les autres, et c'est pourquoi le métier d'éducateur est le plus difficile qui soit. Seuls les Initiés, qui ont déjà fait un immense travail sur eux-mêmes, parviennent à réveiller chez les humains les meilleures semences que le Créateur a déposées en eux.

Pour s'opposer aux forces du mal qu'il sent se manifester en lui, l'être humain ne peut pas faire grand-chose ; il ne possède encore ni le savoir ni les capacités qui lui permettraient de les vaincre. La meilleure solution pour lui est donc de laisser le bien et le mal vivre ensemble, et d'utiliser l'activité et les éléments extrêmement puissants contenus dans le mal pour stimuler les forces du bien. Exactement comme pour une greffe. Que fait le jardinier ? Sur la tige d'un jeune poirier sauvage aux fruits immangeables, il fixe, par exemple, le rameau d'un poirier de bonne qualité qui profitera de la vigueur de l'arbre sauvage. De la même façon sur l'arbre du mal, chacun peut fixer en lui-même des rameaux de l'arbre du bien. De même que les forces du mal cherchent toujours à s'emparer des forces du bien pour les faire servir à leurs desseins, de même le bien a tous les droits de puiser les forces du mal et de les utiliser pour son travail.

Il est dit dans le Psaume 116 : « *Je marcherai devant l'Éternel sur la Terre des Vivants.* » Cette Terre des Vivants, où se trouve-t-elle ? En réalité, on peut dire que c'est notre terre. Car notre terre comprend aussi ces régions faites d'une matière très subtile, éthérique, lumineuse, où continuent de vivre après leur mort les êtres les plus évolués : les saints, les prophètes, les grands Maîtres de l'humanité. Et c'est dans ces régions que Jésus se trouve encore. Car Jésus n'a pas quitté la terre. Puisqu'il a dit : « *Je suis avec vous tous les jours jusqu'à la fin du monde* », c'est qu'il est toujours sur la terre. Bien sûr, il a quitté la terre physique, mais pas la terre éthérique, lumineuse, divine. Jésus, comme expression de ce principe cosmique qu'est le Christ, n'a pas quitté la terre : il est là, sur la Terre des Vivants où il continue à participer au travail de son Père céleste ; et il protège, éclaire, guide tous ceux qui veulent suivre son chemin, travailler avec lui et marcher dans sa lumière.

Il y aurait beaucoup de choses à corriger dans la société, c'est vrai, mais ces transformations ne doivent pas se faire par la violence. D'ailleurs, ce n'est jamais par la violence qu'on réalise les véritables changements. La violence entraîne toujours des maux pires que ceux qu'elle prétend combattre. Alors, comment transformer la société ? Par notre façon de vivre. En nous changeant d'abord nous-même, nous pouvons remuer le monde entier. C'est ce que nous apprend l'Enseignement de la Fraternité Blanche Universelle : il nous donne toutes les règles, toutes les méthodes, afin qu'en travaillant sur nous-même nous devenions un jour la preuve qu'il est possible de créer une société meilleure. L'humanité peut devenir une fraternité, une famille, mais pour cela il faut que quelques-uns commencent à donner l'exemple et qu'ils arrivent à s'imposer. Oui, à s'imposer, mais sans violence : s'imposer uniquement par la noblesse, la grandeur, la lumière, la beauté… Celui qui n'est pas capable de s'imposer ainsi ne doit pas prétendre transformer la société.

Les humains savent ce qu'est la poésie, oui, mais dans les livres, pas dans la vie. Dans la vie, la plupart sont froids, figés, ternes, prosaïques, terre-à-terre, rien de subtil n'émane d'eux. Ils abandonnent la poésie aux poètes qui l'écrivent, et même si, de temps en temps, ils lisent un peu quelques vers, la vie qu'ils mènent n'est pas poétique. Désormais, une nouvelle conception de l'art leur apprendra à vivre jour et nuit dans la poésie, c'est-à-dire à manifester quelque chose de lumineux, de chaleureux, d'expressif, de subtil. Et c'est à ce moment-là qu'on commencera à les aimer.

Les humains sont extraordinaires : ils ont besoin d'être aimés, ils ont besoin d'établir de bonnes relations entre eux, mais on dirait qu'ils font tout pour se repousser mutuellement : ils restent fermés, sombres, lourds. Comment peut-on être aimé quand on se montre tellement antipathique ? Pour être aimé, chacun doit apprendre à vivre une vie poétique afin d'apporter aux autres la chaleur et la lumière.

Les humains se croient civilisés parce qu'ils vivent dans des sociétés où leurs relations sont régies par des lois que différentes administrations ont la charge de faire respecter. Eh bien ! c'est insuffisant, car malgré leurs lois ces sociétés ressemblent encore à des jungles ! Les humains seront vraiment civilisés quand la monnaie d'échange entre eux sera l'amour. Il faut que, de plus en plus, ce soit l'amour fraternel qui devienne la vraie monnaie ; non pas l'amour à la place de l'argent – je ne suis pas assez naïf pour croire qu'on peut supprimer l'argent, c'est un moyen d'échange très commode – mais l'amour au-dessus de l'argent. Beaucoup appelleront cela « utopie », je le sais, on me l'a déjà dit. Eh bien ! qu'ils l'appellent comme ils veulent, moi je dis que pour notre salut, c'est vers cet idéal que nous devons tendre. C'est une utopie ? Eh bien, alors on peut dire que Jésus était le plus grand utopiste. Et moi, non seulement je veux être un utopiste comme lui, mais je vous invite à réaliser cette utopie !

L'être humain doit considérer la vie qu'il a reçue de Dieu avec beaucoup de respect, beaucoup d'attention, car pour cette vie il devra un jour Lui rendre des comptes. Dieu n'a besoin d'aucune de nos possessions ; nous les avons acquises grâce à la vie qu'Il nous a donnée, et Il nous les laisse. La seule chose qu'Il nous demande, c'est de montrer de la considération pour ce don tellement précieux qu'est la vie, en la faisant fructifier en nous, en lui donnant toujours de nouvelles couleurs, de nouveaux parfums, de nouvelles saveurs. Ce sont ces comptes-là qu'il faut se préparer à rendre un jour au Seigneur. Et en attendant de rendre ces comptes, celui qui se montre négligent, paresseux, irrespectueux, sentira que toutes les richesses de la vie divine sont en train de l'abandonner : peu à peu il perdra non seulement la santé, mais aussi certaines facultés, certaines inspirations ; les êtres et les choses ne présenteront plus pour lui autant d'intérêt, ils ne lui apporteront plus autant de joie. Efforcez-vous donc de devenir de plus en plus conscient de l'usage que vous faites de ce don de Dieu : la vie.

Les spiritualistes doivent se débarrasser de cette illusion que leurs convictions et leurs expériences sont valables pour tous. Et si vous décidez de pratiquer une religion, de suivre un enseignement spirituel, n'allez pas le raconter partout en essayant de convaincre les autres. Tâchez d'approfondir les vérités que vous découvrez et de les appliquer raisonnablement, et laissez les autres tranquilles. Une telle précaution est surtout utile au début, car au début on n'est intérieurement ni solide, ni bien armé. Il n'est déjà pas facile de comprendre ce qu'est véritablement la spiritualité ou la religion, et pour les vivre profondément, harmonieusement, il y a tellement de choses à mettre au point ! Alors celui qui n'a pas commencé par être bien au clair avec lui-même peut se laisser aller à des comportements qui se révéleront aussi préjudiciables pour lui que pour les autres.

Ce n'est pas parce que les objets sont inanimés que vous pouvez vous permettre de les traiter n'importe comment. Vous direz : « Mais est-ce tellement important ? Ces objets ne sentent rien. Quelle que soit la façon dont nous les traitons, ils ne peuvent ni souffrir, ni se réjouir. » C'est vrai, eux ne sentent rien, mais selon votre comportement c'est vous qui souffrirez ou vous réjouirez, parce que tout ce que vous faites produit des courants positifs ou négatifs, harmonieux ou désharmonieux. Ces courants ont d'abord des effets sur vous, mais aussi, au-delà de vous, sur tous les êtres proches ou éloignés des mondes visibles et invisibles. Vous êtes responsable de tout ce que vous faites, parce que vos pensées, vos sentiments, vos actes, rien ne reste sans conséquences, et vous en êtes soit la victime, soit le bénéficiaire.

Les parents ainsi que les éducateurs s'occupent des enfants et c'est très bien ; pour se développer les enfants ont besoin que l'on s'occupe d'eux. Mais ces parents et ces éducateurs ont-ils d'abord travaillé sur eux-mêmes pour pouvoir se montrer à la hauteur de leur tâche ? Non, souvent ils ont vécu et continuent à vivre n'importe comment, ils ont laissé le désordre s'installer en eux ; et maintenant ils donnent aux enfants l'exemple d'un comportement déplorable qui est en train d'influencer très négativement leur psychisme, ce qui se répercute même sur leur santé. Celui qui prétend éduquer des enfants doit savoir qu'il laisse sur eux des traces de ce qu'il est lui-même. Il doit donc commencer par faire sa propre éducation, sinon c'est exactement comme si, avec des mains noires de charbon, il voulait enlever une petite tache sur un visage : il ne fait que le salir davantage.

Le bien existe, et non seulement il existe, mais avec le temps on est obligé de constater qu'il finit toujours par triompher. Alors, ne vous découragez jamais sous prétexte que vous voyez le mal produire partout des ravages dans le monde. Gardez une foi inébranlable dans le bien, sinon vous finirez par ne plus même croire au bien qui est en vous, et c'est là que vous courez les plus grands dangers. Admettons qu'il ne se fasse que du mal autour de vous (ce qui n'est quand même pas le cas !), il vous reste toujours la possibilité de vous accrocher au bien qui est en vous pour le renforcer, l'intensifier. N'est-ce pas là une certitude et une activité qui peuvent vous encourager et donner un sens à votre vie, quoi qu'il arrive ?…

Évidemment l'existence est une longue route qui réserve des surprises, qui comporte des dangers, mais ce n'est pas une raison pour vivre continuellement dans la peur. Car il existe une loi d'après laquelle plus on a peur de quelque chose, plus on l'attire. Donc, si vous ne voulez pas qu'un malheur s'abatte sur vous, ne le craignez pas ! Bien sûr, vous devez réfléchir, prendre des précautions et surtout vous renforcer, mais ne laissez pas la peur s'installer en vous. Combien de gens sont à la merci de leurs craintes sans se rendre compte quelles sont le résultat d'un manque de connaissance, d'un manque de lumière. La preuve : quand vous êtes dans un endroit obscur, vous ne vous sentez pas tranquille jusqu'au moment où vous allumez la lumière. Alors voilà, vous pouvez tirer de ce phénomène des conclusions pour le plan psychique ! L'obscurité, c'est-à-dire l'ignorance, vous fait courir tous les dangers, et c'est pourquoi vous avez peur. Mais projetez la lumière, c'est-à-dire armez-vous des vérités nécessaires pour affronter les situations, et votre peur disparaîtra.

Les mots « vie » et « mort » évoquent spontanément pour les humains la vie et la mort physiques, alors qu'en réalité la vie et la mort physiques ne sont que des aspects très limités de ces deux processus. S'ils savent ce que sont la vie et la mort dans le plan physique, pour le plan psychique et spirituel ce n'est pas clair du tout : ils ne savent pas quand ils sont morts et quand ils sont vivants.

Dans les plans psychique et spirituel, c'est en renonçant aux expressions inférieures de la vie que nous devenons de plus en plus vivants. Sinon, ce que nous appelons la vie est en réalité la mort. Quoi qu'on fasse, le bien ou le mal, on peut dire qu'on est toujours en vie. Mais on peut dire aussi qu'on ne cesse de mourir : si on ne meurt pas à la sottise, on meurt à la sagesse ; si on ne meurt pas à la haine, on meurt à l'amour. On peut appeler cela comme on voudra, la vie et la mort marchent ensemble : toute notre existence, nous n'avons donc que des choix à faire entre la vie et la mort, entre une forme de vie et une forme de mort. Et ce que les uns appellent mort, d'autres l'appellent vie.

Toute vie dépend de Dieu, de la Source cosmique. La Source coule et les oiseaux chantent, les fleurs s'épanouissent, le soleil et les étoiles brillent. La Source soutient et nourrit toutes les créatures ; c'est grâce à elle que l'homme existe, pense, aime… Cette vérité, vous devez l'inscrire non seulement dans vos cahiers, mais aussi sur les pages de votre livre intérieur. Les kabbalistes disaient : « Inscrivez le nom de Dieu sur votre porte, sur votre toit, sur votre corps, votre visage, vos mains, dans votre âme, partout. » Parce que nous ne sommes vivants que si nous savons maintenir le lien avec la Source divine.

Certains chrétiens reconnaissent qu'ils éprouvent beaucoup de difficultés à croire tout ce que l'Église enseigne sur la divinité de Jésus, sa naissance, sa résurrection, sa montée au ciel… Et s'ils éprouvent ces difficultés, c'est que, d'abord, ces doctrines contredisent toutes les lois de la nature et qu'elles vont même à l'encontre du simple bon sens. Pourtant, ils se sentent profondément chrétiens, car ils ont conscience que Jésus, par sa vie et son enseignement, représente un modèle insurpassable. Ensuite, si ces chrétiens possèdent quelques connaissances des autres religions, ils sont obligés de constater qu'elles reposent sur des conceptions tout aussi élevées que le christianisme, et ils se demandent pourquoi on veut leur faire croire que Jésus est le Fils unique de Dieu et que seule leur religion leur apportera le salut. Est-ce que cela a du sens de penser qu'une seule fois dans l'histoire, il y a deux mille ans, Dieu a envoyé son Fils unique ? Les autres religions, par qui alors ont-elles été fondées ? Par des êtres inférieurs qui n'étaient pas des fils de Dieu ?… Et ceux qui pratiquent ces religions sont-ils dans l'erreur ? S'ils mènent une vie exemplaire, n'ont-ils pas la même valeur aux yeux de Dieu ?… Eh oui, il y a de plus en plus de gens que ces questions préoccupent.

Vivre la vie spirituelle ne signifie pas fuir la société. Le spiritualiste peut vivre dans la société, il doit même vivre dans la société, mais en restant lié à la lumière, à la sagesse, pour rester toujours à la hauteur de la situation. Car s'il capitule, s'il fait faillite spirituellement, non seulement il perd sa force, son équilibre, son autorité, mais il n'est même plus intéressant pour les autres. Vous direz : « Mais vivre parmi des gens qui n'ont pas les mêmes aspirations, qui ne pensent pas comme nous, c'est tellement difficile ! » Oui, c'est difficile, mais il n'y a pas d'autre solution. Vous devez fréquenter les humains, vous devez les aimer, vous devez travailler avec eux, mais en gardant toujours votre haut idéal, votre philosophie divine. Parce qu'à ce moment-là vous êtes un centre, une source, un jardin, un verger : non seulement vous avez tout ce dont vous avez besoin, vous, mais vous possédez aussi les moyens d'aider les autres autour de vous.

On ne doit pas se demander si on peut faire confiance aux autres et, selon son tempérament optimiste ou pessimiste, répondre par oui ou par non. La réponse juste à cette question n'est pas une affaire de tempérament. Vous pouvez faire confiance à quelqu'un quand votre Moi supérieur réussit à toucher son Moi supérieur. Vous direz : « Oui, mais si je n'arrive pas à toucher son Moi supérieur, si son moi inférieur répond en me faisant du mal ?… » Bien sûr, vous serez déçu, mais cette déception ne vous atteindra pas tellement, parce que votre Moi divin est insensible à ce genre de blessures. Et puis surtout, parce que le bien comme le mal qu'on fait aux autres, c'est aussi à soi-même qu'on le fait. Donc, ce bien que vous avez voulu faire reste autour de vous, en vous : il est une cuirasse qui vous protège.

26 Février

En créant les conditions pour la manifestation de l'esprit, la foi nous donne les clés de la réalisation. Il faut croire pour préparer le terrain, mais pour que cette foi produise des résultats bénéfiques, il faut trouver les manifestations les plus convenables. Celui qui croit tout en agissant contrairement aux lois de la foi, qui sont les lois du plan causal, anéantit son pouvoir en lui-même : avec sa foi il construit, et avec ses actes il détruit. Il aura beau s'imaginer qu'il sera sauvé parce qu'il croit, non, ce serait trop facile. Tout le monde peut prétendre croire en Dieu parce que c'est commode, c'est rassurant, et continuer à vivre comme un véritable mécréant. Tellement de criminels croient soi-disant en Dieu ! En quoi consiste cette foi, c'est une autre question ! En tout cas, ce n'est pas cette foi qui les aidera, tant qu'ils ne se décideront pas à améliorer leur conduite.

C'est à travers toutes les activités auxquelles il leur est possible de s'adonner que les humains s'efforcent de trouver un sens à leur vie. Mais ce sens de la vie, ils ne le trouveront qu'en décidant de participer à la réalisation du Royaume de Dieu et de sa Justice. Car là, quoi qu'il arrive, ils sont des ouvriers dans le champ du Seigneur, et ils se sentent aidés, soutenus, comblés parce qu'ils ont conscience de participer à un immense travail. Et surtout ils comprennent qu'ils ne seront jamais seuls ni abandonnés.

Chacun de vous peut trouver dès aujourd'hui le sens de la vie car, dès aujourd'hui, au lieu de travailler pour la seule satisfaction de ses besoins, il peut dire : « Désormais, je veux travailler pour le Royaume de Dieu et sa Justice. » Et même si vous êtes inconnu sur la terre, votre nom est écrit dans le Livre de la Vie et vous recevez les bénédictions du Ciel. Il faut aller toujours plus loin, avoir des aspirations toujours plus larges, plus vastes : c'est cela véritablement qui donne un sens à la vie.

L'être humain ne peut entrer dans le Royaume de Dieu, c'est-à-dire se sentir véritablement fils de Dieu, que s'il naît des deux principes masculin et féminin qui sont les deux principes de la sagesse et de l'amour. Dans le plan spirituel les deux principes de la sagesse et de l'amour sont la manifestation de nos Parents cosmiques : le Père céleste et la Mère divine. Donc les véritables fils et filles de Dieu sont les enfants non seulement du Père céleste mais aussi de la Mère divine, son Épouse. Je sais qu'en disant cela, je choquerai beaucoup de chrétiens, mais je dois tout de même le dire. Celui que les chrétiens appellent Dieu est en réalité une Entité qui est à la fois masculine et féminine : l'esprit cosmique et la Nature ou, présentés différemment, l'esprit symbolisé par le feu et la matière symbolisée par l'eau. Dans le Ciel comme sur la terre, nous ne pouvons naître que de l'union des deux principes.

Combien de gens s'imaginent passer pour perspicaces, intelligents et raisonnables, parce qu'ils disent : « Moi, je ne crois qu'à ce que je vois. Si Dieu existe, Il n'a qu'à se montrer ! » Mais comment peuvent-ils penser que c'est là un argument ? Prétendre que l'on ne peut pas croire en Dieu sous prétexte qu'on ne Le voit pas n'est pas un argument valable : si on Le voyait, on n'aurait pas besoin de croire. Dit-on qu'on croit à l'existence de ses parents, de ses amis, ou du monde autour de soi ? Non, on les voit, et ça suffit. La foi a pour objet le monde invisible et non le monde visible. Mais tous ces gens « raisonnables » ne raisonnent pas jusque-là. Ils se contentent de la certitude qu'ils rencontreront toujours d'autres gens aussi « raisonnables » qu'eux pour les approuver et se moquer avec eux de tous ces naïfs et ces faibles d'esprit qui prétendent croire en Dieu. En effet, ils recevront l'approbation des ignorants, mais pas celle des Initiés.

Les véritables créateurs, tous ceux qui, quel que soit leur domaine, ont réalisé de grandes choses, ont été généralement des êtres qui avaient beaucoup souffert, et leurs souffrances étaient pour eux comme une encre noire où ils trempaient chaque jour leur plume afin d'en extraire une œuvre formidable d'intelligence, de beauté et de force. Les expériences dramatiques, les bouleversements intérieurs par lesquels ils étaient passés, toute cette gamme de pensées, de sentiments, de sensations, d'émotions, ont été les couleurs dont ils pouvaient se servir pour produire des chefs-d'œuvre ou des actes sublimes : ces chefs-d'œuvre, ces actes, tous autour d'eux pouvaient en bénéficier, et nous aussi nous en bénéficions encore aujourd'hui.

La grâce est une des questions que les théologiens ont le plus contribué à embrouiller. Ils la présentent comme une manifestation arbitraire et inexplicable de la Divinité : certains la reçoivent et d'autres pas. Pourquoi ? On n'en sait rien ; cela n'a aucun rapport avec leur conduite, c'est comme ça. Alors, quelle injustice !

En réalité cette question de la grâce est facile à comprendre si on part d'un exemple très simple. Vous faites construire une maison, mais une fois les murs terminés, vous vous apercevez que vous n'avez plus d'argent pour continuer : vous vous adressez alors à une banque. Si elle constate que vous possédez un capital, elle accepte de vous prêter une certaine somme. La banque prête-t-elle à tout le monde ? Non, mais si vous avez déjà un capital, un terrain, des propriétés, elle veut bien ajouter le nécessaire. De même, la grâce ne va pas partout, mais seulement chez celui qui a déjà préparé, construit quelque chose et qui possède un capital. Elle dit : « Cet homme travaille, il prie, il médite, il construit son temple, je lui donnerai donc de quoi le terminer. » La grâce est donc plus que la justice, mais elle obéit cependant à une certaine justice.

On parle de « religions révélées » comme si, à un moment ou à un autre de l'histoire, Dieu Lui-même avait pris la parole pour se faire connaître, donner des commandements ; donc, ce qu'Il a dit là doit être considéré comme définitif, rien ne peut plus y être ajouté ou retranché. Mais c'est une erreur, Dieu n'est jamais venu se manifester en personne, Il s'est seulement fait connaître par l'intermédiaire de ses fils les plus éclairés, les plus dignes. Tels furent Moïse, Zoroastre, Bouddha, Jésus, Mahomet et tous les grands Maîtres spirituels, dont certains restent même ignorés, car l'histoire n'a pas retenu leur nom. Or, ces êtres, qui étaient des intermédiaires, appartenaient à une culture particulière, à une époque particulière, ils ne pouvaient pas parler dans l'absolu et pour l'éternité. C'est pourquoi, Dieu, qui est amour, continue à se révéler par l'intermédiaire de ses fils qu'Il ne cesse d'envoyer sur la terre.

On ne peut pas dire qu'il n'y ait rien ni personne à critiquer dans la société. Mais seul a le droit de critiquer celui qui travaille et qui, par son travail, peut montrer de quoi il est capable. Or, que se passe-t-il en général ? Chose curieuse, ceux qui travaillent vraiment ne sont pas tellement portés à critiquer. Quand on les rencontre, on les voit satisfaits, contents. Pourquoi ? Parce que le travail contient sa propre récompense. Ceux qui ont le goût du travail et qui savent dans quel état d'esprit travailler, sentent que par ce travail ils reçoivent dix fois plus que ce qu'ils ont donné. Ils sont occupés, ils sont heureux dans leurs activités, et même s'ils voient tout ce qui ne va pas autour d'eux, ils n'ont ni le temps ni le besoin de critiquer. Or, dans la vie il y a toujours quelque chose à faire, soit intérieurement soit dans le plan matériel. Alors, attention, si vous avez tellement besoin de critiquer, c'est que vous ne travaillez pas ou que vous ne savez pas comment travailler.

Ne vous posez pas tellement de questions sur l'utilité de faire le bien. Tout ce que vous pouvez faire de bon, que ce soit par des actes, par des paroles, par des sentiments, par des pensées, faites-le, et laissez ensuite le temps accomplir son œuvre. Même si vous l'avez oublié, un jour à votre insu tout ce bien vous poursuivra pour vous récompenser.

Et j'ajouterai encore ceci : apprenez à faire le bien sans rien dire, sans vouloir qu'on sache que c'est vous qui l'avez fait. Ainsi, non seulement vous éprouverez une joie secrète, mais vous éveillerez chez les autres quelque chose de bon : ils seront obligés de se demander qui est cet être magnifique qui ne veut pas se montrer, et cela les poussera à agir de même envers d'autres créatures.

Lorsqu'un disciple suit l'Enseignement d'un Maître spirituel, en réalité cet enseignement ne s'adresse pas uniquement à la partie consciente de son être. Même la nuit, pendant son sommeil, le véritable disciple avec son corps astral va rejoindre son Maître et continue à s'instruire auprès de lui : il lit les livres les plus secrets dans les bibliothèques de l'univers, il assiste à des cérémonies grandioses… Bien que son cerveau ne soit pas encore préparé pour conserver la mémoire de tels événements, il peut en garder quelques traces qui lui mettent dans le cœur une telle sensation de paix et de lumière qu'en s'éveillant le matin il se demande : « Où ai-je été cette nuit ? Ce que j'ai vu était tellement beau !… » Il faut comprendre combien le sommeil devient sacré lorsqu'on s'endort pour aller s'instruire dans ces écoles spirituelles, car c'est là que l'on reçoit la véritable Initiation.

Comme toute créature vivante, l'être humain a des besoins à satisfaire, et c'est même ainsi qu'il se définit : par ses besoins ; car les besoins sont liés à la vie. Oui, vivre, c'est satisfaire des besoins : besoin de respirer, de se nourrir, de se protéger, d'aimer, d'être aimé, de connaître, de s'enrichir, de créer… Il n'y a que des besoins ! La différence entre les êtres, c'est seulement le domaine, le plan où chacun cherche à les satisfaire. Celui qui croit pouvoir trouver la plénitude dans le plan matériel finit un jour ou l'autre par être déçu, malheureux, car en négligeant les besoins de son âme et de son esprit, il creuse en lui un vide que rien ne pourra jamais combler. Et non seulement il sera déçu et malheureux, mais il se heurtera continuellement à tous ceux – et ils sont nombreux – qui donnent comme lui la priorité aux besoins matériels. Seuls les besoins spirituels n'engendrent aucun conflit, aucun heurt, car le monde de l'âme et de l'esprit est vaste, infini…

Aucun des états psychiques que l'homme crée en lui à chaque instant de la journée ne reste sans conséquence, et cela d'abord pour lui-même, évidemment. Si par vos pensées, vos sentiments, vos désirs, vous vous efforcez de créer le paradis en vous, c'est vous d'abord qui allez y vivre. Quelle que soit la situation autour de vous, vous vous sentirez dans le paradis. Puis, peu à peu, vos parents, vos amis, toutes les personnes que vous rencontrerez commenceront à sentir aussi qu'il y a là des sources qui jaillissent, des oiseaux qui chantent, des fleurs qui embaument... Alors, ils se diront les uns aux autres : « Vous connaissez ce jardin ? Quelle paix, quelle pureté, quelle bénédiction ! Il faut aller le visiter... » Et vous serez entouré de leur joie et de leur reconnaissance.

Où se trouve le modèle de toute organisation ? Dans notre propre organisme. L'homme ne peut rien inventer qui n'existe déjà dans la création. Il peut l'imiter, il peut le reproduire, mais il ne peut pas l'inventer. L'organisme humain est déjà par lui-même un monde organisé, construit d'après les lois d'en haut. Il doit être pour toute l'humanité comme un point de départ, le modèle de toute organisation. On laisse aux biologistes, aux médecins le soin de faire des investigations dans l'organisme, de le décrire, de le découper, d'analyser son fonctionnement, et on se garde bien d'en tirer des leçons. Et pourtant, toute la philosophie de la vie est inscrite dans notre organisme.

C'est donc cette organisation, dont notre propre organisme est le modèle, qui doit se refléter d'abord dans la famille, mais aussi dans la société, dans la nation, et encore au-delà, sur la planète entière.

Comme pour toutes les autres activités, le travail spirituel ne peut donner de résultats que si on s'y applique avec patience, persévérance... Quelqu'un se plaint à moi : « Vous nous parlez sans cesse du monde divin, des entités lumineuses avec lesquelles nous pouvons entrer en contact par la pensée. Mais combien de fois j'ai essayé et je n'arrive à rien, je ne sens rien, c'est le vide ! » Que vous n'ayez pas encore de résultats ne prouve pas que je suis en train de vous égarer. Mais les couches opaques de matière psychique qui vous enveloppent vous empêchent de sentir la présence du monde divin et de ses habitants qui sont là, réels. Parce que vous ne sentez rien, vous vous imaginez qu'il n'y a rien. Si, il y a quelque chose, continuez... Le travail spirituel, plus que tout autre, demande de la constance. Faites encore des efforts et vous sentirez peu à peu un chemin s'ouvrir devant vous, un pont se rétablir avec les régions supérieures. Un jour, même, il vous suffira de vous concentrer quelques minutes sur ces régions pour sentir aussitôt les bénédictions du Ciel se déverser sur vous.

Partout il y a la vie, toute la nature est vivante, tous les êtres sont vivants, et pourtant combien peu d'hommes et de femmes savent ce qu'est la vie ! Lorsqu'ils se trouvent dans les difficultés, les malheurs, ils s'exclament : « Que voulez-vous ? c'est la vie ! » Ils comprennent la vie comme quelque chose d'extérieur à eux et qu'ils doivent subir. Les insuccès, les accidents, les maladies, les souffrances, « c'est la vie ! » Ils s'aimaient, ils se sont mariés, et maintenant ils divorcent, là encore « c'est la vie ! » Eh bien, non, la vie ce n'est pas ça. Ils appellent « la vie » un enchaînement d'erreurs, de faiblesses, d'échecs, sans se rendre compte que c'est eux qui se sont fabriqué cette existence lamentable. Le Seigneur, Lui, qui est leur Père céleste, a prévu qu'ils seront un jour capables de vivre de sa vie, la vie divine. Car c'est cela la vraie vie.

Il est dit dans la *Genèse* qu'au deuxième jour de la création Dieu sépara les eaux d'en bas d'avec les eaux d'en haut. Ces eaux d'en haut, que la Science initiatique appelle aussi « lumière astrale », « agent magique », représentent l'océan primordial dans lequel toutes les créatures sont plongées et où elles trouvent leur nourriture. Et le milieu liquide où est plongé l'enfant quand il se trouve encore dans le sein de sa mère est en quelque sorte un rappel de ces eaux primordiales. Nous vivons dans l'immensité cosmique exactement comme les poissons dans la mer. Si nous ne le sentons pas, c'est que des impuretés obstruent nos pores psychiques. La purification est donc le premier travail que nous avons à faire afin d'ouvrir nos pores psychiques, de libérer ce réseau de canaux éthériques qui nous parcourent. C'est alors que nous serons abreuvés et vivifiés par cette eau spirituelle qui nous enveloppe de toutes parts.

Apprenez à considérer vos difficultés comme une matière brute sur laquelle vous devez travailler. Dès l'instant où vous adoptez ce point de vue, c'est tout un processus qui se déclenche en vous, des appareils qui se mettent en marche et qui commencent à moudre cette matière brute pour la transformer. Bien sûr, c'est difficile. Mais essayez au moins par curiosité, faites seulement l'expérience pendant une semaine. Dites-vous : « Cette façon de voir les choses est tellement nouvelle pour moi que je ne sais pas comment je vais m'y prendre ; mais quand même, faisons un essai. » Et à chaque occasion qui se présente, au lieu de pester, de vous lamenter et d'importuner le ciel et la terre, faites un travail par la pensée. Et pour mettre toutes les chances de succès de votre côté, commencez par vous montrer vigilant : au moment où les contrariétés se présentent, soyez immédiatement conscient que vous risquez de vous laisser emporter par la colère, le découragement, ou la haine, etc. Car une fois qu'on a commencé à se laisser aller, il est plus difficile de revenir en arrière. Cultivez donc cette vigilance qui vous évite de vous laisser surprendre et mettez-vous au travail.

Le bien finit toujours par l'emporter sur le mal, exactement comme la vie finit toujours par l'emporter sur la mort. La mort n'existe qu'en apparence. Regardez autour de vous, vous ne voyez que la vie partout, et la mort n'est nulle part, elle n'est qu'un changement de décor… ou de costume ! Vous direz : « Mais si on assassine un homme, le mal est fait définitivement. » Non, d'abord on n'a réussi qu'à atteindre son corps physique. Son esprit qui est immortel continue à vivre, et quelque temps après il redescend sur la terre dans un nouveau corps. Quant au meurtrier, même s'il échappe à la justice humaine, il n'échappera pas à la Justice divine et devra d'une façon ou d'une autre réparer son crime.

Donc, dans les premiers moments, le mal, comme la mort, peut paraître victorieux, mais cette victoire ne dure pas. Tandis que le bien, même si au début il est combattu, en réalité c'est lui qui finit par triompher, comme la vie.

Le polythéisme que les chrétiens ont tellement combattu n'est qu'une façon d'exprimer cette idée que toute la nature est habitée par Dieu. Il ne faut pas croire que les panthéons hindouiste, égyptien, grec, sont sortis des cerveaux d'hommes tellement naïfs et superstitieux. Même la religion juive, qui est la première dans l'histoire à avoir insisté sur la réalité d'un Dieu unique, oui, même la religion juive, dans la Kabbale, a présenté Dieu sous différents noms qui expriment ses différents attributs et ses différentes manifestations dans l'univers. Toutes les religions, sous des formes plus ou moins élaborées, répètent toujours cette même vérité : Dieu, qui a créé l'univers, peut se révéler à travers toutes les manifestations vivantes de cet univers dont nous ne connaissons encore qu'une infime partie.

Une des principales différences entre les humains provient de la conscience qu'ils ont de leurs insuffisances et de leurs capacités.

Un proverbe arabe dit qu'il existe quatre catégories d'hommes. Les premiers sont tellement limités qu'ils ne peuvent même pas savoir qu'ils ne savent pas. Pour eux il n'y a rien à faire, il faut les laisser. La deuxième catégorie se compose de ceux qui savent qu'ils ne savent pas ; ils sont sincères, remplis de bonne volonté, désireux de s'améliorer, et on peut donc les instruire. Dans la troisième catégorie, il y a ceux qui ne savent pas qu'ils savent, c'est comme s'ils étaient endormis, et on doit les réveiller. Enfin, la quatrième catégorie ne comprend qu'un petit nombre d'êtres : eux, savent qu'ils savent. Ce sont les sages, les Initiés, les grands Maîtres, et le proverbe dit alors : ceux-là, suivez-les !

La meilleure image de Dieu est le soleil dispensateur de vie, de lumière et de chaleur. Seules la vie, la lumière et la chaleur du soleil peuvent nous donner une idée de ce que sont la puissance, la sagesse et l'amour divins. C'est à nous maintenant d'entrer en relation avec cette puissance, cette sagesse, cet amour. Nous le pouvons par notre espérance, notre amour et notre foi.

Je vous donnerai un exercice. Vous récitez lentement, et en vous concentrant sur chaque parole, la prière suivante : « Seigneur, j'aime ta sagesse, j'ai foi en ton amour, j'espère en ta puissance. »

« Seigneur, j'aime ta sagesse. » Notre cœur a beaucoup de chaleur, beaucoup d'élan, mais il manque de discernement, de mesure, c'est pourquoi il doit chercher la sagesse.

« Je crois en ton amour… » Nous avons besoin de croire en l'amour. Et parce que l'amour de Dieu est le fondement de l'univers, c'est en lui, et en lui seul, que nous pouvons avoir une confiance absolue.

« J'espère en ta puissance… » Parce qu'elle est stable, immuable, nous ne pouvons compter que sur la toute-puissance divine.

La création n'est pas une activité du plan physique. Dans le plan physique on ne crée pas : on copie, on imite, on bricole. C'est dans le plan mental que les choses se créent et le seul véritable créateur est celui qui crée par la pensée.

Même s'ils maîtrisent la matière et l'obligent à travailler pour eux, tous ceux qui n'ont pas compris cette vérité se nivellent avec la matière, ils descendent à son niveau et ils perdent donc leur pouvoir de s'imposer, ils perdent leur puissance magique. Voilà pourquoi je vous dis : si vous voulez devenir un créateur véritable, apprenez à vous servir de votre volonté, de votre pensée, de votre esprit, afin de façonner les situations et les événements de votre existence.

Supposons qu'une dispute vienne d'éclater dans une famille : quel spectacle, quelle cacophonie ! Soudain, un ami que tous estiment et respectent se présente à la porte… Aussitôt chacun s'efforce de faire bonne contenance, et même ils se regardent gentiment pour que l'ami ne s'aperçoive pas qu'ils étaient en pleine tragédie.

Il a dû vous arriver de faire cette expérience, n'est-ce pas ? Alors, pourquoi ne pas en tirer des conclusions pour votre vie intérieure ? Lorsqu'éclatent des troubles en vous, si vous vous mettez à prier avec beaucoup d'ardeur, vous pourrez constater que, soudain, tout s'apaise et vous retrouvez le calme et la joie. Pourquoi ? Parce qu'un ami est venu vous visiter, et en sa présence tous les autres habitants intérieurs, craignant de se montrer grossiers, se sont calmés. Et si vous priez cet ami avec encore plus d'assiduité et de ferveur pour qu'il ne s'en aille plus, qu'il reste et habite en vous définitivement, qu'il s'installe au centre de vous-même, à ce moment-là la paix et la lumière régneront en vous pour toujours.

Pour que votre travail spirituel produise des résultats, vous devez toujours lui donner un but. Quand vous priez ou méditez, commencez par déterminer à quelle réalisation votre méditation ou votre prière doit servir. Pourquoi cette précaution ? Pour que les énergies psychiques que vous projetez n'aillent pas s'éparpiller, mais soient orientées vers un point précis. En adoptant cette méthode vous deviendrez peu à peu maître de votre pensée et c'est ainsi que vous obtiendrez des résultats.

Qu'ils le veuillent ou non, les humains doivent vivre les uns avec les autres, ils dépendent les uns des autres, et il n'y a entre eux de relations possibles que si elles sont fondées sur un minimum de confiance. Cette confiance se manifeste dès l'instant où ils s'éveillent le matin. Pour commencer une journée, ils doivent au moins penser que toutes les calamités ne vont pas leur tomber sur la tête. Si, au moment de sortir de chez lui, chacun hésitait et se demandait : « Qu'est-ce qui va m'arriver ? Quelqu'un va m'attaquer… une voiture va m'écraser… un pot de fleurs va tomber d'une fenêtre et m'assommer », la vie deviendrait un enfer. Même les êtres les plus méfiants sont obligés d'avoir un minimum de confiance. L'existence est fondée sur la confiance, et cette confiance est tellement naturelle qu'on n'en prend pas conscience. C'est grâce à elle que la vie en société est possible : chaque entreprise, chaque démarche, chaque initiative est une preuve de confiance.

L'Intelligence cosmique a fait très sagement les choses, et puisqu'elle a donné à l'homme la faculté de douter, c'est évidemment pour qu'il s'en serve ; la question est seulement de savoir où et quand. Il doit donc commencer par mettre en doute ses capacités à bien comprendre et à bien juger. Vous direz : « C'est difficile, je ne sais pas comment m'y prendre. » Bien sûr, c'est difficile, mais il y a des signes qui vous avertissent que vous devez être vigilant. Dès que vous sentez en vous un tiraillement, un malaise, prenez cela comme un indice que quelque chose ne va pas et, au lieu de vous obstiner, pensez à utiliser cet outil tellement efficace : le doute. Mais utilisez-le comme il faut, c'est-à-dire doutez de votre façon de voir les choses et de réagir en face d'elles, doutez des méthodes que vous avez employées ou que vous vous préparez à employer. Dites-vous : « Je ne suis peut-être pas tout à fait au clair, je n'ai pas tous les éléments pour me prononcer. J'ai encore besoin d'étudier pour voir si mes projets obéissent aux critères de la sagesse et de l'amour. » Ne vous contentez jamais d'accepter ce qui correspond à vos seules façons de voir.

Pour comprendre la véritable dimension de la communion, on est obligé de remonter très loin dans le temps, jusqu'à Melkhitsédek qui, le premier, avait apporté le pain et le vin à Abraham. Maintenant, la consécration du pain et du vin par le prêtre ne représente pour beaucoup de chrétiens que la commémoration d'un événement historique qui s'est produit un jour, il y a deux mille ans, à Jérusalem. Après leur avoir donné le pain et le vin, Jésus, c'est vrai, a dit à ses disciples : « *Faites ceci en mémoire de moi.* » Mais garder seulement le souvenir, c'est pauvre, et ce souvenir ne dispense pas d'approfondir l'extraordinaire signification symbolique que Jésus a donnée à cet acte. Pourquoi n'a-t-il pas créé un autre rite ? Il le pouvait, mais il a répété ce que Melkhitsédek avait fait avant lui. Cela révèle non seulement l'importance qu'il donnait aux deux symboles du pain et du vin, mais aussi sa volonté de souligner son appartenance à la lignée, à l'ordre de Melkhitsédek.

Ceux qui avaient crucifié Jésus s'adressaient à lui en disant : *« Si tu es le Fils de Dieu, descends de la croix. »* Mais la véritable puissance d'un fils de Dieu n'est pas d'échapper aux épreuves ni même de faire comme s'il ne les redoutait pas. La vraie puissance, c'est de finir par les accepter dans la clarté, l'abnégation, et surtout dans la paix et l'unité de l'esprit.

Jésus connaissait les épreuves qui l'attendaient, lui-même les avait annoncées à ses disciples. Mais la violence du supplice qu'il était en train de subir sur la croix a réveillé en lui les puissances obscures de sa nature purement humaine, et il s'est écrié : *« Mon Dieu, mon Dieu, pourquoi m'as-Tu abandonné ? »* En réalité, Dieu n'avait pas abandonné Jésus, mais ce sentiment d'abandon, de solitude, peut être éprouvé même par les plus grands Initiés. La nature humaine dans Jésus n'a pas pu s'empêcher de pousser quelques cris de détresse, mais elle l'a fait avec amour, sans révolte, et là aussi est toute la différence. C'est pourquoi, à la fin, il a retrouvé la lumière et la paix, et ses derniers mots ont été : *« Père, je remets mon esprit entre tes mains. »*

Noël et Pâques, la naissance de Jésus fêtée au début de l'hiver, et sa résurrection fêtée au printemps, représentent deux pages du grand Livre de la nature. Il est possible que cette idée offusque beaucoup de chrétiens, mais au lieu d'être offusqués, ils feraient mieux de réfléchir. Ceux qui ont fixé les dates de ces fêtes, il y a très longtemps, étaient des êtres qui possédaient une grande connaissance des relations qui existent entre la nature et l'âme humaine. Ils avaient médité profondément la vie de Jésus et son enseignement, et ils avaient compris qu'en s'identifiant au principe cosmique du Christ, une rencontre idéale s'était faite en lui entre la vie spirituelle et la vie de la nature, la vie de l'univers.

En voulant se différencier le plus nettement possible du paganisme, qui se caractérisait par le culte des forces de la nature, le christianisme a coupé les liens vivants avec l'univers. C'est pourquoi maintenant encore, le sens profond de leur religion échappe aux chrétiens. Seuls quelques Initiés qui possèdent la véritable science des symboles, voient dans la naissance et la résurrection de Jésus des processus qui sont liés à la vie cosmique et qui ont donc une portée universelle.

Les cierges et les veilleuses qu'on allume dans les églises sont des symboles de notre esprit et de notre âme que nous devons allumer chaque jour à la flamme céleste. Et lorsque nous les avons allumés nous pouvons allumer aussi d'autres esprits et d'autres âmes autour de nous.

Dans les églises orthodoxes, le matin de Pâques, chaque fidèle tient une bougie à la main. Le pope commence par allumer un cierge ; l'officiant le plus proche qui l'assiste y allume le sien ; puis, l'un après l'autre, chaque fidèle allume sa bougie à la flamme de celui qui est à côté de lui, et de proche en proche on dirait que le feu est en marche… jusqu'au moment où l'Église est remplie d'une multitude de petites flammes !

Dans une École initiatique vous apprenez non seulement à allumer votre esprit et votre âme, mais aussi, une fois que vous les avez allumés, à entretenir leur flamme afin que d'autres esprits, d'autres âmes puissent venir s'allumer à ce feu.

Toutes les religions rappellent à l'homme son origine divine et lui donnent des méthodes pour se fusionner avec la Divinité. Seulement les religions sont une chose et leurs représentants en sont une autre. Combien sont réellement conscients de l'importance de leur tâche ? C'est pourquoi malgré l'existence de tous les Livres sacrés dont l'élévation et la beauté ne peuvent être dépassées, on voit partout tant de gens partir à la dérive et devenir la proie des forces vertigineuses qui habitent leur moi inférieur.

Si tant de « croyants » sont obligés d'admettre un jour qu'ils n'ont plus la foi, ou même qu'ils ne l'ont peut-être jamais eue, c'est qu'on ne leur a pas expliqué que la foi commence par la connaissance de l'être humain et la prise de conscience du travail qu'ils doivent entreprendre sur eux-mêmes. Celui qui a vraiment entrepris ce travail ne peut plus se poser de questions sur l'existence de Dieu, il sent qu'il est lié à cette existence, qu'il en fait partie, il ne peut donc pas plus nier Dieu qu'il ne peut se nier lui-même.

Comment différencier l'amour de la sexualité alors que dans les relations amoureuses l'un ne va jamais sans l'autre ? La sexualité est une tendance purement égocentrique qui pousse les humains à ne rechercher que leur plaisir, même s'ils doivent le faire au détriment de leur partenaire. Au contraire, l'amour pense tout d'abord au bonheur de l'autre, il est basé sur le sacrifice : sacrifice de temps, de forces, d'argent, si c'est nécessaire, pour aider l'autre, pour lui permettre de s'épanouir et de développer toutes ses qualités. Rien n'est plus beau que l'amour, quand des hommes, des femmes sont prêts à accepter des privations, à arracher quelque chose d'eux-mêmes pour le donner. Et vous qui marchez sur le chemin spirituel, sachez que la spiritualité justement commence là où l'amour domine la sexualité : quand vous êtes capable de vous sacrifier pour le bien de l'autre, c'est là seulement que vous êtes capable d'amour.